PASSWORT MANAGER

Internet, E-Mail und Handy Passwörter

WLAN Name:	
WLAN Passwort:	

E-Mail Adresse:	
Passwort:	

E-Mail Adresse 2:	
Passwort:	

Handynummer:	
PIN Code:	
PUK Code:	

Handynummer 2:	
PIN Code:	
PUK Code:	

A

Webseite:	
Benutzername:	
Passwort:	
Notizen / Sicherheitsfragen	

Webseite:	
Benutzername:	
Passwort:	
Notizen / Sicherheitsfragen	

Webseite:	
Benutzername:	
Passwort:	
Notizen / Sicherheitsfragen	

Webseite:	
Benutzername:	
Passwort:	
Notizen / Sicherheitsfragen	

A

Webseite:	
Benutzername:	
Passwort:	
Notizen / Sicherheitsfragen	

Webseite:	
Benutzername:	
Passwort:	
Notizen / Sicherheitsfragen	

Webseite:	
Benutzername:	
Passwort:	
Notizen / Sicherheitsfragen	

Webseite:	
Benutzername:	
Passwort:	
Notizen / Sicherheitsfragen	

A

Webseite:	
Benutzername:	
Passwort:	
Notizen / Sicherheitsfragen	

Webseite:	
Benutzername:	
Passwort:	
Notizen / Sicherheitsfragen	

Webseite:	
Benutzername:	
Passwort:	
Notizen / Sicherheitsfragen	

Webseite:	
Benutzername:	
Passwort:	
Notizen / Sicherheitsfragen	

A

Webseite:	
Benutzername:	
Passwort:	
Notizen / Sicherheitsfragen	

Webseite:	
Benutzername:	
Passwort:	
Notizen / Sicherheitsfragen	

Webseite:	
Benutzername:	
Passwort:	
Notizen / Sicherheitsfragen	

Webseite:	
Benutzername:	
Passwort:	
Notizen / Sicherheitsfragen	

B

Webseite:	
Benutzername:	
Passwort:	
Notizen / Sicherheitsfragen	

Webseite:	
Benutzername:	
Passwort:	
Notizen / Sicherheitsfragen	

Webseite:	
Benutzername:	
Passwort:	
Notizen / Sicherheitsfragen	

Webseite:	
Benutzername:	
Passwort:	
Notizen / Sicherheitsfragen	

B

Webseite:	
Benutzername:	
Passwort:	
Notizen / Sicherheitsfragen	

Webseite:	
Benutzername:	
Passwort:	
Notizen / Sicherheitsfragen	

Webseite:	
Benutzername:	
Passwort:	
Notizen / Sicherheitsfragen	

Webseite:	
Benutzername:	
Passwort:	
Notizen / Sicherheitsfragen	

B

Webseite:	
Benutzername:	
Passwort:	
Notizen / Sicherheitsfragen	

Webseite:	
Benutzername:	
Passwort:	
Notizen / Sicherheitsfragen	

Webseite:	
Benutzername:	
Passwort:	
Notizen / Sicherheitsfragen	

Webseite:	
Benutzername:	
Passwort:	
Notizen / Sicherheitsfragen	

B

Webseite:	
Benutzername:	
Passwort:	
Notizen / Sicherheitsfragen	

Webseite:	
Benutzername:	
Passwort:	
Notizen / Sicherheitsfragen	

Webseite:	
Benutzername:	
Passwort:	
Notizen / Sicherheitsfragen	

Webseite:	
Benutzername:	
Passwort:	
Notizen / Sicherheitsfragen	

C

Webseite:	
Benutzername:	
Passwort:	
Notizen / Sicherheitsfragen	

Webseite:	
Benutzername:	
Passwort:	
Notizen / Sicherheitsfragen	

Webseite:	
Benutzername:	
Passwort:	
Notizen / Sicherheitsfragen	

Webseite:	
Benutzername:	
Passwort:	
Notizen / Sicherheitsfragen	

C

Webseite:	
Benutzername:	
Passwort:	
Notizen / Sicherheitsfragen	

Webseite:	
Benutzername:	
Passwort:	
Notizen / Sicherheitsfragen	

Webseite:	
Benutzername:	
Passwort:	
Notizen / Sicherheitsfragen	

Webseite:	
Benutzername:	
Passwort:	
Notizen / Sicherheitsfragen	

C

Webseite:	
Benutzername:	
Passwort:	
Notizen / Sicherheitsfragen	

Webseite:	
Benutzername:	
Passwort:	
Notizen / Sicherheitsfragen	

Webseite:	
Benutzername:	
Passwort:	
Notizen / Sicherheitsfragen	

Webseite:	
Benutzername:	
Passwort:	
Notizen / Sicherheitsfragen	

C

Webseite:	
Benutzername:	
Passwort:	
Notizen / Sicherheitsfragen	

Webseite:	
Benutzername:	
Passwort:	
Notizen / Sicherheitsfragen	

Webseite:	
Benutzername:	
Passwort:	
Notizen / Sicherheitsfragen	

Webseite:	
Benutzername:	
Passwort:	
Notizen / Sicherheitsfragen	

D

Webseite:	
Benutzername:	
Passwort:	
Notizen / Sicherheitsfragen	

Webseite:	
Benutzername:	
Passwort:	
Notizen / Sicherheitsfragen	

Webseite:	
Benutzername:	
Passwort:	
Notizen / Sicherheitsfragen	

Webseite:	
Benutzername:	
Passwort:	
Notizen / Sicherheitsfragen	

D

Webseite:	
Benutzername:	
Passwort:	
Notizen / Sicherheitsfragen	

Webseite:	
Benutzername:	
Passwort:	
Notizen / Sicherheitsfragen	

Webseite:	
Benutzername:	
Passwort:	
Notizen / Sicherheitsfragen	

Webseite:	
Benutzername:	
Passwort:	
Notizen / Sicherheitsfragen	

D

Webseite:	
Benutzername:	
Passwort:	
Notizen / Sicherheitsfragen	

Webseite:	
Benutzername:	
Passwort:	
Notizen / Sicherheitsfragen	

Webseite:	
Benutzername:	
Passwort:	
Notizen / Sicherheitsfragen	

Webseite:	
Benutzername:	
Passwort:	
Notizen / Sicherheitsfragen	

D

Webseite:	
Benutzername:	
Passwort:	
Notizen / Sicherheitsfragen	

Webseite:	
Benutzername:	
Passwort:	
Notizen / Sicherheitsfragen	

Webseite:	
Benutzername:	
Passwort:	
Notizen / Sicherheitsfragen	

Webseite:	
Benutzername:	
Passwort:	
Notizen / Sicherheitsfragen	

E

Webseite:	
Benutzername:	
Passwort:	
Notizen / Sicherheitsfragen	

Webseite:	
Benutzername:	
Passwort:	
Notizen / Sicherheitsfragen	

Webseite:	
Benutzername:	
Passwort:	
Notizen / Sicherheitsfragen	

Webseite:	
Benutzername:	
Passwort:	
Notizen / Sicherheitsfragen	

E

Webseite:	
Benutzername:	
Passwort:	
Notizen / Sicherheitsfragen	

Webseite:	
Benutzername:	
Passwort:	
Notizen / Sicherheitsfragen	

Webseite:	
Benutzername:	
Passwort:	
Notizen / Sicherheitsfragen	

Webseite:	
Benutzername:	
Passwort:	
Notizen / Sicherheitsfragen	

E

Webseite:	
Benutzername:	
Passwort:	
Notizen / Sicherheitsfragen	

Webseite:	
Benutzername:	
Passwort:	
Notizen / Sicherheitsfragen	

Webseite:	
Benutzername:	
Passwort:	
Notizen / Sicherheitsfragen	

Webseite:	
Benutzername:	
Passwort:	
Notizen / Sicherheitsfragen	

E

Webseite:	
Benutzername:	
Passwort:	
Notizen / Sicherheitsfragen	

Webseite:	
Benutzername:	
Passwort:	
Notizen / Sicherheitsfragen	

Webseite:	
Benutzername:	
Passwort:	
Notizen / Sicherheitsfragen	

Webseite:	
Benutzername:	
Passwort:	
Notizen / Sicherheitsfragen	

F

Webseite:	
Benutzername:	
Passwort:	
Notizen / Sicherheitsfragen	

Webseite:	
Benutzername:	
Passwort:	
Notizen / Sicherheitsfragen	

Webseite:	
Benutzername:	
Passwort:	
Notizen / Sicherheitsfragen	

Webseite:	
Benutzername:	
Passwort:	
Notizen / Sicherheitsfragen	

F

Webseite:	
Benutzername:	
Passwort:	
Notizen / Sicherheitsfragen	

Webseite:	
Benutzername:	
Passwort:	
Notizen / Sicherheitsfragen	

Webseite:	
Benutzername:	
Passwort:	
Notizen / Sicherheitsfragen	

Webseite:	
Benutzername:	
Passwort:	
Notizen / Sicherheitsfragen	

F

Webseite:	
Benutzername:	
Passwort:	
Notizen / Sicherheitsfragen	

Webseite:	
Benutzername:	
Passwort:	
Notizen / Sicherheitsfragen	

Webseite:	
Benutzername:	
Passwort:	
Notizen / Sicherheitsfragen	

Webseite:	
Benutzername:	
Passwort:	
Notizen / Sicherheitsfragen	

F

Webseite:	
Benutzername:	
Passwort:	
Notizen / Sicherheitsfragen	

Webseite:	
Benutzername:	
Passwort:	
Notizen / Sicherheitsfragen	

Webseite:	
Benutzername:	
Passwort:	
Notizen / Sicherheitsfragen	

Webseite:	
Benutzername:	
Passwort:	
Notizen / Sicherheitsfragen	

G

Webseite:	
Benutzername:	
Passwort:	
Notizen / Sicherheitsfragen	

Webseite:	
Benutzername:	
Passwort:	
Notizen / Sicherheitsfragen	

Webseite:	
Benutzername:	
Passwort:	
Notizen / Sicherheitsfragen	

Webseite:	
Benutzername:	
Passwort:	
Notizen / Sicherheitsfragen	

G

Webseite:	
Benutzername:	
Passwort:	
Notizen / Sicherheitsfragen	

Webseite:	
Benutzername:	
Passwort:	
Notizen / Sicherheitsfragen	

Webseite:	
Benutzername:	
Passwort:	
Notizen / Sicherheitsfragen	

Webseite:	
Benutzername:	
Passwort:	
Notizen / Sicherheitsfragen	

G

Webseite:	
Benutzername:	
Passwort:	
Notizen / Sicherheitsfragen	

Webseite:	
Benutzername:	
Passwort:	
Notizen / Sicherheitsfragen	

Webseite:	
Benutzername:	
Passwort:	
Notizen / Sicherheitsfragen	

Webseite:	
Benutzername:	
Passwort:	
Notizen / Sicherheitsfragen	

G

Webseite:	
Benutzername:	
Passwort:	
Notizen / Sicherheitsfragen	

Webseite:	
Benutzername:	
Passwort:	
Notizen / Sicherheitsfragen	

Webseite:	
Benutzername:	
Passwort:	
Notizen / Sicherheitsfragen	

Webseite:	
Benutzername:	
Passwort:	
Notizen / Sicherheitsfragen	

H

Webseite:	
Benutzername:	
Passwort:	
Notizen / Sicherheitsfragen	

Webseite:	
Benutzername:	
Passwort:	
Notizen / Sicherheitsfragen	

Webseite:	
Benutzername:	
Passwort:	
Notizen / Sicherheitsfragen	

Webseite:	
Benutzername:	
Passwort:	
Notizen / Sicherheitsfragen	

H

Webseite:	
Benutzername:	
Passwort:	
Notizen / Sicherheitsfragen	

Webseite:	
Benutzername:	
Passwort:	
Notizen / Sicherheitsfragen	

Webseite:	
Benutzername:	
Passwort:	
Notizen / Sicherheitsfragen	

Webseite:	
Benutzername:	
Passwort:	
Notizen / Sicherheitsfragen	

H

Webseite:	
Benutzername:	
Passwort:	
Notizen / Sicherheitsfragen	

Webseite:	
Benutzername:	
Passwort:	
Notizen / Sicherheitsfragen	

Webseite:	
Benutzername:	
Passwort:	
Notizen / Sicherheitsfragen	

Webseite:	
Benutzername:	
Passwort:	
Notizen / Sicherheitsfragen	

H

Webseite:	
Benutzername:	
Passwort:	
Notizen / Sicherheitsfragen	

Webseite:	
Benutzername:	
Passwort:	
Notizen / Sicherheitsfragen	

Webseite:	
Benutzername:	
Passwort:	
Notizen / Sicherheitsfragen	

Webseite:	
Benutzername:	
Passwort:	
Notizen / Sicherheitsfragen	

I

Webseite:	
Benutzername:	
Passwort:	
Notizen / Sicherheitsfragen	

Webseite:	
Benutzername:	
Passwort:	
Notizen / Sicherheitsfragen	

Webseite:	
Benutzername:	
Passwort:	
Notizen / Sicherheitsfragen	

Webseite:	
Benutzername:	
Passwort:	
Notizen / Sicherheitsfragen	

I

Webseite:	
Benutzername:	
Passwort:	
Notizen / Sicherheitsfragen	

Webseite:	
Benutzername:	
Passwort:	
Notizen / Sicherheitsfragen	

Webseite:	
Benutzername:	
Passwort:	
Notizen / Sicherheitsfragen	

Webseite:	
Benutzername:	
Passwort:	
Notizen / Sicherheitsfragen	

I

Webseite:	
Benutzername:	
Passwort:	
Notizen / Sicherheitsfragen	

Webseite:	
Benutzername:	
Passwort:	
Notizen / Sicherheitsfragen	

Webseite:	
Benutzername:	
Passwort:	
Notizen / Sicherheitsfragen	

Webseite:	
Benutzername:	
Passwort:	
Notizen / Sicherheitsfragen	

I

Webseite:	
Benutzername:	
Passwort:	
Notizen / Sicherheitsfragen	

Webseite:	
Benutzername:	
Passwort:	
Notizen / Sicherheitsfragen	

Webseite:	
Benutzername:	
Passwort:	
Notizen / Sicherheitsfragen	

Webseite:	
Benutzername:	
Passwort:	
Notizen / Sicherheitsfragen	

J

Webseite:	
Benutzername:	
Passwort:	
Notizen / Sicherheitsfragen	

Webseite:	
Benutzername:	
Passwort:	
Notizen / Sicherheitsfragen	

Webseite:	
Benutzername:	
Passwort:	
Notizen / Sicherheitsfragen	

Webseite:	
Benutzername:	
Passwort:	
Notizen / Sicherheitsfragen	

J

Webseite:	
Benutzername:	
Passwort:	
Notizen / Sicherheitsfragen	

Webseite:	
Benutzername:	
Passwort:	
Notizen / Sicherheitsfragen	

Webseite:	
Benutzername:	
Passwort:	
Notizen / Sicherheitsfragen	

Webseite:	
Benutzername:	
Passwort:	
Notizen / Sicherheitsfragen	

J

Webseite:	
Benutzername:	
Passwort:	
Notizen / Sicherheitsfragen	

Webseite:	
Benutzername:	
Passwort:	
Notizen / Sicherheitsfragen	

Webseite:	
Benutzername:	
Passwort:	
Notizen / Sicherheitsfragen	

Webseite:	
Benutzername:	
Passwort:	
Notizen / Sicherheitsfragen	

J

Webseite:	
Benutzername:	
Passwort:	
Notizen / Sicherheitsfragen	

Webseite:	
Benutzername:	
Passwort:	
Notizen / Sicherheitsfragen	

Webseite:	
Benutzername:	
Passwort:	
Notizen / Sicherheitsfragen	

Webseite:	
Benutzername:	
Passwort:	
Notizen / Sicherheitsfragen	

K

Webseite:	
Benutzername:	
Passwort:	
Notizen / Sicherheitsfragen	

Webseite:	
Benutzername:	
Passwort:	
Notizen / Sicherheitsfragen	

Webseite:	
Benutzername:	
Passwort:	
Notizen / Sicherheitsfragen	

Webseite:	
Benutzername:	
Passwort:	
Notizen / Sicherheitsfragen	

K

Webseite:	
Benutzername:	
Passwort:	
Notizen / Sicherheitsfragen	

Webseite:	
Benutzername:	
Passwort:	
Notizen / Sicherheitsfragen	

Webseite:	
Benutzername:	
Passwort:	
Notizen / Sicherheitsfragen	

Webseite:	
Benutzername:	
Passwort:	
Notizen / Sicherheitsfragen	

K

Webseite:	
Benutzername:	
Passwort:	
Notizen / Sicherheitsfragen	

Webseite:	
Benutzername:	
Passwort:	
Notizen / Sicherheitsfragen	

Webseite:	
Benutzername:	
Passwort:	
Notizen / Sicherheitsfragen	

Webseite:	
Benutzername:	
Passwort:	
Notizen / Sicherheitsfragen	

K

Webseite:	
Benutzername:	
Passwort:	
Notizen / Sicherheitsfragen	

Webseite:	
Benutzername:	
Passwort:	
Notizen / Sicherheitsfragen	

Webseite:	
Benutzername:	
Passwort:	
Notizen / Sicherheitsfragen	

Webseite:	
Benutzername:	
Passwort:	
Notizen / Sicherheitsfragen	

L

Webseite:	
Benutzername:	
Passwort:	
Notizen / Sicherheitsfragen	

Webseite:	
Benutzername:	
Passwort:	
Notizen / Sicherheitsfragen	

Webseite:	
Benutzername:	
Passwort:	
Notizen / Sicherheitsfragen	

Webseite:	
Benutzername:	
Passwort:	
Notizen / Sicherheitsfragen	

L

Webseite:	
Benutzername:	
Passwort:	
Notizen / Sicherheitsfragen	

Webseite:	
Benutzername:	
Passwort:	
Notizen / Sicherheitsfragen	

Webseite:	
Benutzername:	
Passwort:	
Notizen / Sicherheitsfragen	

Webseite:	
Benutzername:	
Passwort:	
Notizen / Sicherheitsfragen	

L

Webseite:	
Benutzername:	
Passwort:	
Notizen / Sicherheitsfragen	

Webseite:	
Benutzername:	
Passwort:	
Notizen / Sicherheitsfragen	

Webseite:	
Benutzername:	
Passwort:	
Notizen / Sicherheitsfragen	

Webseite:	
Benutzername:	
Passwort:	
Notizen / Sicherheitsfragen	

L

Webseite:	
Benutzername:	
Passwort:	
Notizen / Sicherheitsfragen	

Webseite:	
Benutzername:	
Passwort:	
Notizen / Sicherheitsfragen	

Webseite:	
Benutzername:	
Passwort:	
Notizen / Sicherheitsfragen	

Webseite:	
Benutzername:	
Passwort:	
Notizen / Sicherheitsfragen	

M

Webseite:	
Benutzername:	
Passwort:	
Notizen / Sicherheitsfragen	

Webseite:	
Benutzername:	
Passwort:	
Notizen / Sicherheitsfragen	

Webseite:	
Benutzername:	
Passwort:	
Notizen / Sicherheitsfragen	

Webseite:	
Benutzername:	
Passwort:	
Notizen / Sicherheitsfragen	

M

Webseite:	
Benutzername:	
Passwort:	
Notizen / Sicherheitsfragen	

Webseite:	
Benutzername:	
Passwort:	
Notizen / Sicherheitsfragen	

Webseite:	
Benutzername:	
Passwort:	
Notizen / Sicherheitsfragen	

Webseite:	
Benutzername:	
Passwort:	
Notizen / Sicherheitsfragen	

M

Webseite:	
Benutzername:	
Passwort:	
Notizen / Sicherheitsfragen	

Webseite:	
Benutzername:	
Passwort:	
Notizen / Sicherheitsfragen	

Webseite:	
Benutzername:	
Passwort:	
Notizen / Sicherheitsfragen	

Webseite:	
Benutzername:	
Passwort:	
Notizen / Sicherheitsfragen	

M

Webseite:	
Benutzername:	
Passwort:	
Notizen / Sicherheitsfragen	

Webseite:	
Benutzername:	
Passwort:	
Notizen / Sicherheitsfragen	

Webseite:	
Benutzername:	
Passwort:	
Notizen / Sicherheitsfragen	

Webseite:	
Benutzername:	
Passwort:	
Notizen / Sicherheitsfragen	

N

Webseite:	
Benutzername:	
Passwort:	
Notizen / Sicherheitsfragen	

Webseite:	
Benutzername:	
Passwort:	
Notizen / Sicherheitsfragen	

Webseite:	
Benutzername:	
Passwort:	
Notizen / Sicherheitsfragen	

Webseite:	
Benutzername:	
Passwort:	
Notizen / Sicherheitsfragen	

N

Webseite:	
Benutzername:	
Passwort:	
Notizen / Sicherheitsfragen	

Webseite:	
Benutzername:	
Passwort:	
Notizen / Sicherheitsfragen	

Webseite:	
Benutzername:	
Passwort:	
Notizen / Sicherheitsfragen	

Webseite:	
Benutzername:	
Passwort:	
Notizen / Sicherheitsfragen	

N

Webseite:	
Benutzername:	
Passwort:	
Notizen / Sicherheitsfragen	

Webseite:	
Benutzername:	
Passwort:	
Notizen / Sicherheitsfragen	

Webseite:	
Benutzername:	
Passwort:	
Notizen / Sicherheitsfragen	

Webseite:	
Benutzername:	
Passwort:	
Notizen / Sicherheitsfragen	

N

Webseite:	
Benutzername:	
Passwort:	
Notizen / Sicherheitsfragen	

Webseite:	
Benutzername:	
Passwort:	
Notizen / Sicherheitsfragen	

Webseite:	
Benutzername:	
Passwort:	
Notizen / Sicherheitsfragen	

Webseite:	
Benutzername:	
Passwort:	
Notizen / Sicherheitsfragen	

Webseite:	
Benutzername:	
Passwort:	
Notizen / Sicherheitsfragen	

Webseite:	
Benutzername:	
Passwort:	
Notizen / Sicherheitsfragen	

Webseite:	
Benutzername:	
Passwort:	
Notizen / Sicherheitsfragen	

Webseite:	
Benutzername:	
Passwort:	
Notizen / Sicherheitsfragen	

O

Webseite:	
Benutzername:	
Passwort:	
Notizen / Sicherheitsfragen	

Webseite:	
Benutzername:	
Passwort:	
Notizen / Sicherheitsfragen	

Webseite:	
Benutzername:	
Passwort:	
Notizen / Sicherheitsfragen	

Webseite:	
Benutzername:	
Passwort:	
Notizen / Sicherheitsfragen	

0

Webseite:	
Benutzername:	
Passwort:	
Notizen / Sicherheitsfragen	

Webseite:	
Benutzername:	
Passwort:	
Notizen / Sicherheitsfragen	

Webseite:	
Benutzername:	
Passwort:	
Notizen / Sicherheitsfragen	

Webseite:	
Benutzername:	
Passwort:	
Notizen / Sicherheitsfragen	

0

Webseite:	
Benutzername:	
Passwort:	
Notizen / Sicherheitsfragen	

Webseite:	
Benutzername:	
Passwort:	
Notizen / Sicherheitsfragen	

Webseite:	
Benutzername:	
Passwort:	
Notizen / Sicherheitsfragen	

Webseite:	
Benutzername:	
Passwort:	
Notizen / Sicherheitsfragen	

P

Webseite:	
Benutzername:	
Passwort:	
Notizen / Sicherheitsfragen	

Webseite:	
Benutzername:	
Passwort:	
Notizen / Sicherheitsfragen	

Webseite:	
Benutzername:	
Passwort:	
Notizen / Sicherheitsfragen	

Webseite:	
Benutzername:	
Passwort:	
Notizen / Sicherheitsfragen	

P

Webseite:	
Benutzername:	
Passwort:	
Notizen / Sicherheitsfragen	

Webseite:	
Benutzername:	
Passwort:	
Notizen / Sicherheitsfragen	

Webseite:	
Benutzername:	
Passwort:	
Notizen / Sicherheitsfragen	

Webseite:	
Benutzername:	
Passwort:	
Notizen / Sicherheitsfragen	

P

Webseite:	
Benutzername:	
Passwort:	
Notizen / Sicherheitsfragen	

Webseite:	
Benutzername:	
Passwort:	
Notizen / Sicherheitsfragen	

Webseite:	
Benutzername:	
Passwort:	
Notizen / Sicherheitsfragen	

Webseite:	
Benutzername:	
Passwort:	
Notizen / Sicherheitsfragen	

P

Webseite:	
Benutzername:	
Passwort:	
Notizen / Sicherheitsfragen	

Webseite:	
Benutzername:	
Passwort:	
Notizen / Sicherheitsfragen	

Webseite:	
Benutzername:	
Passwort:	
Notizen / Sicherheitsfragen	

Webseite:	
Benutzername:	
Passwort:	
Notizen / Sicherheitsfragen	

Q

Webseite:	
Benutzername:	
Passwort:	
Notizen / Sicherheitsfragen	

Webseite:	
Benutzername:	
Passwort:	
Notizen / Sicherheitsfragen	

Webseite:	
Benutzername:	
Passwort:	
Notizen / Sicherheitsfragen	

Webseite:	
Benutzername:	
Passwort:	
Notizen / Sicherheitsfragen	

Q

Webseite:	
Benutzername:	
Passwort:	
Notizen / Sicherheitsfragen	

Webseite:	
Benutzername:	
Passwort:	
Notizen / Sicherheitsfragen	

Webseite:	
Benutzername:	
Passwort:	
Notizen / Sicherheitsfragen	

Webseite:	
Benutzername:	
Passwort:	
Notizen / Sicherheitsfragen	

Q

Webseite:	
Benutzername:	
Passwort:	
Notizen / Sicherheitsfragen	

Webseite:	
Benutzername:	
Passwort:	
Notizen / Sicherheitsfragen	

Webseite:	
Benutzername:	
Passwort:	
Notizen / Sicherheitsfragen	

Webseite:	
Benutzername:	
Passwort:	
Notizen / Sicherheitsfragen	

Q

Webseite:	
Benutzername:	
Passwort:	
Notizen / Sicherheitsfragen	

Webseite:	
Benutzername:	
Passwort:	
Notizen / Sicherheitsfragen	

Webseite:	
Benutzername:	
Passwort:	
Notizen / Sicherheitsfragen	

Webseite:	
Benutzername:	
Passwort:	
Notizen / Sicherheitsfragen	

R

Webseite:	
Benutzername:	
Passwort:	
Notizen / Sicherheitsfragen	

Webseite:	
Benutzername:	
Passwort:	
Notizen / Sicherheitsfragen	

Webseite:	
Benutzername:	
Passwort:	
Notizen / Sicherheitsfragen	

Webseite:	
Benutzername:	
Passwort:	
Notizen / Sicherheitsfragen	

R

Webseite:	
Benutzername:	
Passwort:	
Notizen / Sicherheitsfragen	

Webseite:	
Benutzername:	
Passwort:	
Notizen / Sicherheitsfragen	

Webseite:	
Benutzername:	
Passwort:	
Notizen / Sicherheitsfragen	

Webseite:	
Benutzername:	
Passwort:	
Notizen / Sicherheitsfragen	

R

Webseite:	
Benutzername:	
Passwort:	
Notizen / Sicherheitsfragen	

Webseite:	
Benutzername:	
Passwort:	
Notizen / Sicherheitsfragen	

Webseite:	
Benutzername:	
Passwort:	
Notizen / Sicherheitsfragen	

Webseite:	
Benutzername:	
Passwort:	
Notizen / Sicherheitsfragen	

R

Webseite:	
Benutzername:	
Passwort:	
Notizen / Sicherheitsfragen	

Webseite:	
Benutzername:	
Passwort:	
Notizen / Sicherheitsfragen	

Webseite:	
Benutzername:	
Passwort:	
Notizen / Sicherheitsfragen	

Webseite:	
Benutzername:	
Passwort:	
Notizen / Sicherheitsfragen	

S

Webseite:	
Benutzername:	
Passwort:	
Notizen / Sicherheitsfragen	

Webseite:	
Benutzername:	
Passwort:	
Notizen / Sicherheitsfragen	

Webseite:	
Benutzername:	
Passwort:	
Notizen / Sicherheitsfragen	

Webseite:	
Benutzername:	
Passwort:	
Notizen / Sicherheitsfragen	

S

Webseite:	
Benutzername:	
Passwort:	
Notizen / Sicherheitsfragen	

Webseite:	
Benutzername:	
Passwort:	
Notizen / Sicherheitsfragen	

Webseite:	
Benutzername:	
Passwort:	
Notizen / Sicherheitsfragen	

Webseite:	
Benutzername:	
Passwort:	
Notizen / Sicherheitsfragen	

S

Webseite:	
Benutzername:	
Passwort:	
Notizen / Sicherheitsfragen	

Webseite:	
Benutzername:	
Passwort:	
Notizen / Sicherheitsfragen	

Webseite:	
Benutzername:	
Passwort:	
Notizen / Sicherheitsfragen	

Webseite:	
Benutzername:	
Passwort:	
Notizen / Sicherheitsfragen	

S

Webseite:	
Benutzername:	
Passwort:	
Notizen / Sicherheitsfragen	

Webseite:	
Benutzername:	
Passwort:	
Notizen / Sicherheitsfragen	

Webseite:	
Benutzername:	
Passwort:	
Notizen / Sicherheitsfragen	

Webseite:	
Benutzername:	
Passwort:	
Notizen / Sicherheitsfragen	

T

Webseite:	
Benutzername:	
Passwort:	
Notizen / Sicherheitsfragen	

Webseite:	
Benutzername:	
Passwort:	
Notizen / Sicherheitsfragen	

Webseite:	
Benutzername:	
Passwort:	
Notizen / Sicherheitsfragen	

Webseite:	
Benutzername:	
Passwort:	
Notizen / Sicherheitsfragen	

T

Webseite:	
Benutzername:	
Passwort:	
Notizen / Sicherheitsfragen	

Webseite:	
Benutzername:	
Passwort:	
Notizen / Sicherheitsfragen	

Webseite:	
Benutzername:	
Passwort:	
Notizen / Sicherheitsfragen	

Webseite:	
Benutzername:	
Passwort:	
Notizen / Sicherheitsfragen	

T

Webseite:	
Benutzername:	
Passwort:	
Notizen / Sicherheitsfragen	

Webseite:	
Benutzername:	
Passwort:	
Notizen / Sicherheitsfragen	

Webseite:	
Benutzername:	
Passwort:	
Notizen / Sicherheitsfragen	

Webseite:	
Benutzername:	
Passwort:	
Notizen / Sicherheitsfragen	

T

Webseite:	
Benutzername:	
Passwort:	
Notizen / Sicherheitsfragen	

Webseite:	
Benutzername:	
Passwort:	
Notizen / Sicherheitsfragen	

Webseite:	
Benutzername:	
Passwort:	
Notizen / Sicherheitsfragen	

Webseite:	
Benutzername:	
Passwort:	
Notizen / Sicherheitsfragen	

U

Webseite:	
Benutzername:	
Passwort:	
Notizen / Sicherheitsfragen	

Webseite:	
Benutzername:	
Passwort:	
Notizen / Sicherheitsfragen	

Webseite:	
Benutzername:	
Passwort:	
Notizen / Sicherheitsfragen	

Webseite:	
Benutzername:	
Passwort:	
Notizen / Sicherheitsfragen	

U

Webseite:	
Benutzername:	
Passwort:	
Notizen / Sicherheitsfragen	

Webseite:	
Benutzername:	
Passwort:	
Notizen / Sicherheitsfragen	

Webseite:	
Benutzername:	
Passwort:	
Notizen / Sicherheitsfragen	

Webseite:	
Benutzername:	
Passwort:	
Notizen / Sicherheitsfragen	

U

Webseite:	
Benutzername:	
Passwort:	
Notizen / Sicherheitsfragen	

Webseite:	
Benutzername:	
Passwort:	
Notizen / Sicherheitsfragen	

Webseite:	
Benutzername:	
Passwort:	
Notizen / Sicherheitsfragen	

Webseite:	
Benutzername:	
Passwort:	
Notizen / Sicherheitsfragen	

U

Webseite:	
Benutzername:	
Passwort:	
Notizen / Sicherheitsfragen	

Webseite:	
Benutzername:	
Passwort:	
Notizen / Sicherheitsfragen	

Webseite:	
Benutzername:	
Passwort:	
Notizen / Sicherheitsfragen	

Webseite:	
Benutzername:	
Passwort:	
Notizen / Sicherheitsfragen	

V

Webseite:	
Benutzername:	
Passwort:	
Notizen / Sicherheitsfragen	

Webseite:	
Benutzername:	
Passwort:	
Notizen / Sicherheitsfragen	

Webseite:	
Benutzername:	
Passwort:	
Notizen / Sicherheitsfragen	

Webseite:	
Benutzername:	
Passwort:	
Notizen / Sicherheitsfragen	

V

Webseite:	
Benutzername:	
Passwort:	
Notizen / Sicherheitsfragen	

Webseite:	
Benutzername:	
Passwort:	
Notizen / Sicherheitsfragen	

Webseite:	
Benutzername:	
Passwort:	
Notizen / Sicherheitsfragen	

Webseite:	
Benutzername:	
Passwort:	
Notizen / Sicherheitsfragen	

V

Webseite:	
Benutzername:	
Passwort:	
Notizen / Sicherheitsfragen	

Webseite:	
Benutzername:	
Passwort:	
Notizen / Sicherheitsfragen	

Webseite:	
Benutzername:	
Passwort:	
Notizen / Sicherheitsfragen	

Webseite:	
Benutzername:	
Passwort:	
Notizen / Sicherheitsfragen	

V

Webseite:	
Benutzername:	
Passwort:	
Notizen / Sicherheitsfragen	

Webseite:	
Benutzername:	
Passwort:	
Notizen / Sicherheitsfragen	

Webseite:	
Benutzername:	
Passwort:	
Notizen / Sicherheitsfragen	

Webseite:	
Benutzername:	
Passwort:	
Notizen / Sicherheitsfragen	

W

Webseite:	
Benutzername:	
Passwort:	
Notizen / Sicherheitsfragen	

Webseite:	
Benutzername:	
Passwort:	
Notizen / Sicherheitsfragen	

Webseite:	
Benutzername:	
Passwort:	
Notizen / Sicherheitsfragen	

Webseite:	
Benutzername:	
Passwort:	
Notizen / Sicherheitsfragen	

W

Webseite:	
Benutzername:	
Passwort:	
Notizen / Sicherheitsfragen	

Webseite:	
Benutzername:	
Passwort:	
Notizen / Sicherheitsfragen	

Webseite:	
Benutzername:	
Passwort:	
Notizen / Sicherheitsfragen	

Webseite:	
Benutzername:	
Passwort:	
Notizen / Sicherheitsfragen	

W

Webseite:	
Benutzername:	
Passwort:	
Notizen / Sicherheitsfragen	

Webseite:	
Benutzername:	
Passwort:	
Notizen / Sicherheitsfragen	

Webseite:	
Benutzername:	
Passwort:	
Notizen / Sicherheitsfragen	

Webseite:	
Benutzername:	
Passwort:	
Notizen / Sicherheitsfragen	

W

Webseite:	
Benutzername:	
Passwort:	
Notizen / Sicherheitsfragen	

Webseite:	
Benutzername:	
Passwort:	
Notizen / Sicherheitsfragen	

Webseite:	
Benutzername:	
Passwort:	
Notizen / Sicherheitsfragen	

Webseite:	
Benutzername:	
Passwort:	
Notizen / Sicherheitsfragen	

X

Webseite:	
Benutzername:	
Passwort:	
Notizen / Sicherheitsfragen	

Webseite:	
Benutzername:	
Passwort:	
Notizen / Sicherheitsfragen	

Webseite:	
Benutzername:	
Passwort:	
Notizen / Sicherheitsfragen	

Webseite:	
Benutzername:	
Passwort:	
Notizen / Sicherheitsfragen	

X

Webseite:	
Benutzername:	
Passwort:	
Notizen / Sicherheitsfragen	

Webseite:	
Benutzername:	
Passwort:	
Notizen / Sicherheitsfragen	

Webseite:	
Benutzername:	
Passwort:	
Notizen / Sicherheitsfragen	

Webseite:	
Benutzername:	
Passwort:	
Notizen / Sicherheitsfragen	

X

Webseite:	
Benutzername:	
Passwort:	
Notizen / Sicherheitsfragen	

Webseite:	
Benutzername:	
Passwort:	
Notizen / Sicherheitsfragen	

Webseite:	
Benutzername:	
Passwort:	
Notizen / Sicherheitsfragen	

Webseite:	
Benutzername:	
Passwort:	
Notizen / Sicherheitsfragen	

X

Webseite:	
Benutzername:	
Passwort:	
Notizen / Sicherheitsfragen	

Webseite:	
Benutzername:	
Passwort:	
Notizen / Sicherheitsfragen	

Webseite:	
Benutzername:	
Passwort:	
Notizen / Sicherheitsfragen	

Webseite:	
Benutzername:	
Passwort:	
Notizen / Sicherheitsfragen	

Y

Webseite:	
Benutzername:	
Passwort:	
Notizen / Sicherheitsfragen	

Webseite:	
Benutzername:	
Passwort:	
Notizen / Sicherheitsfragen	

Webseite:	
Benutzername:	
Passwort:	
Notizen / Sicherheitsfragen	

Webseite:	
Benutzername:	
Passwort:	
Notizen / Sicherheitsfragen	

Y

Webseite:	
Benutzername:	
Passwort:	
Notizen / Sicherheitsfragen	

Webseite:	
Benutzername:	
Passwort:	
Notizen / Sicherheitsfragen	

Webseite:	
Benutzername:	
Passwort:	
Notizen / Sicherheitsfragen	

Webseite:	
Benutzername:	
Passwort:	
Notizen / Sicherheitsfragen	

Y

Webseite:	
Benutzername:	
Passwort:	
Notizen / Sicherheitsfragen	

Webseite:	
Benutzername:	
Passwort:	
Notizen / Sicherheitsfragen	

Webseite:	
Benutzername:	
Passwort:	
Notizen / Sicherheitsfragen	

Webseite:	
Benutzername:	
Passwort:	
Notizen / Sicherheitsfragen	

Y

Webseite:	
Benutzername:	
Passwort:	
Notizen / Sicherheitsfragen	

Webseite:	
Benutzername:	
Passwort:	
Notizen / Sicherheitsfragen	

Webseite:	
Benutzername:	
Passwort:	
Notizen / Sicherheitsfragen	

Webseite:	
Benutzername:	
Passwort:	
Notizen / Sicherheitsfragen	

Z

Webseite:	
Benutzername:	
Passwort:	
Notizen / Sicherheitsfragen	

Webseite:	
Benutzername:	
Passwort:	
Notizen / Sicherheitsfragen	

Webseite:	
Benutzername:	
Passwort:	
Notizen / Sicherheitsfragen	

Webseite:	
Benutzername:	
Passwort:	
Notizen / Sicherheitsfragen	

Z

Webseite:	
Benutzername:	
Passwort:	
Notizen / Sicherheitsfragen	

Webseite:	
Benutzername:	
Passwort:	
Notizen / Sicherheitsfragen	

Webseite:	
Benutzername:	
Passwort:	
Notizen / Sicherheitsfragen	

Webseite:	
Benutzername:	
Passwort:	
Notizen / Sicherheitsfragen	

Z

Webseite:	
Benutzername:	
Passwort:	
Notizen / Sicherheitsfragen	

Webseite:	
Benutzername:	
Passwort:	
Notizen / Sicherheitsfragen	

Webseite:	
Benutzername:	
Passwort:	
Notizen / Sicherheitsfragen	

Webseite:	
Benutzername:	
Passwort:	
Notizen / Sicherheitsfragen	

Z

Webseite:	
Benutzername:	
Passwort:	
Notizen / Sicherheitsfragen	

Webseite:	
Benutzername:	
Passwort:	
Notizen / Sicherheitsfragen	

Webseite:	
Benutzername:	
Passwort:	
Notizen / Sicherheitsfragen	

Webseite:	
Benutzername:	
Passwort:	
Notizen / Sicherheitsfragen	

www.ingramcontent.com/pod-product-compliance
Lightning Source LLC
LaVergne TN
LVHW051744050326
832903LV00029B/2722